사람
그 삶의 참모습

사람 그 삶의 참모습

서세옥 화백의 작품과 선승들의 어록

솔과학

머리말

    현대에는 과학력, 집단력集團力, 정보력이 과도하게 발달하게 되었고 오히려 인간은 거기에 결박되어 주체성을 상실하고, 자기 정신을 잃고 살아가게 되었습니다.

    참사람은 일체의 한정限定을 절絕하고 형상을 절絕할 뿐만 아니라 무한의 자기부정을 자유로 하는 것이므로 무無(Nothingness, Nechts)라고 합니다.

    이 무한의 자기 부정하는 무無에서 무한의 능동적 적극성이 나오며, 이것을 주체主體라고 합니다. 이 주체는 무한히 자기를 부정하고, 무한히 자기 실현하여 일체 중에 자유자재하게 활동합니다.

    이 근원의 주체인 참사람은 세계를 형성하고 역사를 창조하는 작용을 합니다. 능동적 주체로서 참사람은 어디에도 걸림이 없이 자유자재합니다.

우리가 이 참사람의 입장에서 예술과 문학을 하고 정신을 함양하게 되면 한층 더 예술혼과 성숙된 문학 활동을 할 수 있다고 확신하는 바입니다. 이번 출간하게 된 『사람, 그 삶의 참모습』은 독자들로 히여금 산정화백의 작품세계를 통하여 예술 안목을 키우는 좋은 계기가 되리라 생각합니다.

독자 여러분에게 일독을 권하는 바입니다.

2002년 10월

차례

I

태양을 다투는 사람들 ⑴ / 77×95cm / 1967년 작

원효 선사(大乘起信論)

　원효 617~686. 신라 스님. 속성은 설씨. 이름은 서당 일찍이 의상과 더불어 당에 들어가기 위해 길을 떠났다가 여행 도중 고가에서 자게 되었는데, 밤중에 해골에 괸 물을 마시고 대오하여 당에 가는 것을 포기. 그로부터 국내에서 정진하여 많은 저술을 남겼으며, 무애호를 들고 천촌만락을 돌며 노래와 춤으로써 불법을 널리 알리는 등 대중 교화에 힘씀. 요석 공주와의 사이에 설총을 낳고는 소성 거사 · 복성 거사라 자칭함. 그의 저술은 양적으로도 방대하지만 내용에 있어서도 뛰어나 당의 고승들은 그의 저술을 해동소라고 칭송했음.

　저서로는 대혜도경종요 · 법화경종요 · 화엄경소 · 대열반경종요 · 해심밀경소 · 대승기신론소 · 대승기신론별기 · 대무량수경종요 · 아미타경소 · 미륵상생경종요 · 금강삼매경론 · 보살영락본업 경소 · 법망경보살계본사기 · 보살계본지범요기 · 중변분별론소 · 판비량론 · 대승육정참회 · 발심수행장 · 유심안락도 · 십문화쟁론 등이 있음.

　1980년 국역원효전서 전 6책이 간행됨.

대승大乘이 무엇이뇨.

맑고도 고요하고 깊고도 그윽하네.

깊고 깊으니 그 모양이 드러나지 않고

고요한 채로 사람들의 말 속에 숨어 있도다.

오안五眼으로도 볼 수 없으며

사변四辯으로도 말할 수 없네.

크다 하랴? 비집고 들어갈 공간이 없고

작다 하랴? 감싸려 해도 둘레가 없어 아득하여라.

있다 할 것인가? 한결같이 텅 비어있고

없다 할 것인가? 만물이 여기서 나온다네.

무어라 이름 붙일 길 없어

다만 대승(大乘, 큰 진리, 중생심)이라 부른다.

오안: 수행에 의하여 도를 이루어 가는 차례를 다섯으로 나눈 것.
　　육안, 천안, 법안, 혜안, 불안이다.

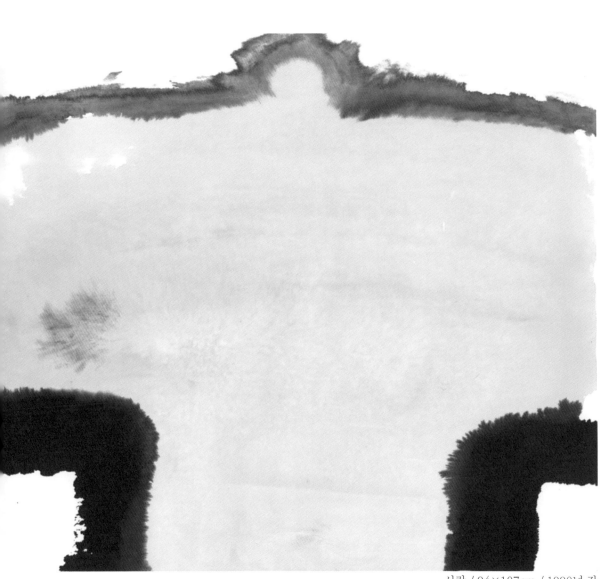

사람 / 94×107cm / 1990년 작

원오극근 선사

　　원오극근 1063~1135. 송대 스님. 임제종 양기파. 자는 무착. 별명은 근파자. 속성은 낙씨. 팽주 숭녕 출신. 남송의 고종으로부터 원오, 북송의 휘종으로부터 불과라는 호를 받음 유년에 출가하여 여러 곳의 고승에게 참학한 뒤, 오조 법연의 제자가 됨. 후에 금산에 갔다가 병을 얻어 다시 법연 문하에 돌아와 법을 이음. 한림 곽지장의 청에 의해 육조사·소각사에서 설법. 정화 연간(1111~1117)에 남유하여 장상영에게 화엄의 현지를 설함. 장상영의 귀의를 받고 협산사에 머뭄. 당시 용불파의 재상 장상영, 성도태수 곽지장, 등자상 등은 그의 외호자로서 이름이 높았음. 다시 담주도림사, 건강부 장산 태평흥국사, 동경 천녕사, 윤주 금산 용유사, 남강군 운거산 진여원 등의 여러 사찰에 두루 머뭄. 소각사·협산사·도림사에 머물면서 설두송고를 문인에게 제창하고 수시·착어·평창했는데, 문인들이 이것을 모아 벽암록을 엮음. 또한 설두염고를 제창하여 격절록을 엮음. 소흥 5년 8월 입적. 세수 73, 시호는 진각 선사. 문하에 대혜 종고, 호구소륭 등 100여 인이 있음. 입적 후 제자 호구 소륭과 악평은 원오불과선사어록 20권을 엮었으며, 자문에 의해 불과원오선사심요 2권이 편록됨.

세상의 이치란 우리 주변 속에 있으면서도 그것을
뛰어넘는 곳에 있다. 비록 알기 쉽다고는 하지만
실은 쉽게 안 사람은 아직 없다.

보조 국사

보조 지눌 1158-1210. 고려 스님. 보조는 시호. 호는 목우자. 속성은 정씨 황해도 서흥 출신. 8세에 출가하여 통효 범일의 운손 종휘에게서 수학. 25세에 승과에 급제하였으나 출세를 단념하고 도반 몇 사람과 더불어 정혜결사를 기약한 다음, 남쪽으로 유행하다 창평 청원사에 머뭄. 어느 날 육조단경을 읽다가 크게 깨달음. 28세에는 하가산 보문산에서 대장경을 열람하던 중 이통현의 화엄론을 보고 깊이 연구하여 원돈성불론을 지음. 팔공산 거조사에서는 친구 득재와 더불어 정혜사를 조직하고, 습정균혜에 정진함. 이후 지리산 상무주암에 머물며 내관에 힘쓰다가, 대혜어록을 보고 크게 깨우침. 송광산 길상사로 옮겨서는 돈오점수와 정혜쌍수를 주장하고, 선으로써 체를 삼고 교로써 용을 삼아, 선·교의 합일점을 모색함. 길상사의 정혜사에는 도를 구하려는 사람들이 구름처럼 몰려들었는데, 지눌은 금강경으로 법을 세우고 육조단경으로 뜻을 부연하며, 이통현의 화엄론과 대혜어록으로 우익을 삼고, 성적등지문·원돈신해문·경절문의 3문을 열어 이들을 제접하며 조계선의 선양에 힘씀. 희종은 즉위 후, 송랑산 길상사를 조계산 수선사로 바꾸고, 지눌을 지극히 모심. 입적 후 불일보조 국사라는 시호를 받음. 제자 진각 혜심이 행장을 갖추고 왕명으로 비석을 세움. 저술로는 진심직설·수심결·계초심학인문·원돈성불론·정혜결사문·간화결의론 등 14부 15권이 있음.

일체의 현실은 모두가 업에 의해서 존재될 뿐이고 불변의 본체가 있는 것은 우리의 마음이지 이 자체가 불변의 본체가 아니다.

알고 보면 꿈의 현실 세계란 생시에 경험한 우리의 인식에 의해서 건립된 것이기에 현실과 같다고 볼 수 있다. 우리가 살고 있는 현실도 알고 보면 좀더 광대하고 동업적인 요소들이 가미된 하나의 꿈이 전개가 되고 있음이 확실하다.

사람들 / 144×74.5cm /1979년 작

지혜로운 이가 보배 있는 곳을 알고서도 구하지
않으면 길이 험난하고 외로우며, 가난함이 있음을
어찌 원망하겠는가?
보배를 얻고 싶거든 가죽 주머니인 육신을 놓아
버려라.

나옹 선사

　나옹 혜근 1320~1376. 고려 스님. 속성은 아씨. 이름은 원혜. 헌호는 강월헌, 영해 출신. 20세에 이웃의 친구가 죽는 것을 보고, 죽으면 어디로 가는가를 어른들에게 물었으나 아는 이가 없자, 비통한 생각을 품고 바로 공덕산 묘적암의 요연 법명에게 출가함. 이후 명산대찰을 편력하다가 양주 회암사에서 4년간 수도한 끝에 깨달음을 얻음. 28세에 원 연경 법원사에서 인도의 고승 지공에게 2년간 배운 뒤, 호남지방을 편력하며 정자사 처림과 무주 복룡산의 천암원장 등에게 참학. 다시 지공에게 돌아와 그 법을 이어받음. 도행이 황제에게까지 알려져 광제선사 주지로 있으면서 설법함. 39세에 귀국하여 오대산 상두암에 머물고, 42세에 왕명으로 내전에서 설법했으며, 신광사 주지로 있었음. 52세에 왕사가 되고 대조계종사, 선교도총섭 근수본지 중흥조풍 복국우세 보제존자에 봉해짐. 조계산 송광사에 있다가 다시 회암사 주지가 되어 이를 중수하고, 57세에 문수회를 개최함. 왕명으로 밀성의 영원사로 옮겨가다가 신륵사에서 입적. 이색이 비문을 지음. 저서로는 나옹화상가송 및 나옹화상어록 각 1권이 있음.

어머니와 아들 / 93×74cm / 1979년 작

마음가짐과 몸가짐의 모든 틀을 때려부수고

성인이니 보통사람이니 하는 때묻은 한 생각은

아침에 잠깐 내린 이슬처럼 증발시키시오.

순식간에 무량겁의 알음알이를 말끔히

지워버리시오.

깨치고 바로잡음이 우리의 손안에 들어있으니

과거와 현재 그리고 미래의 부처님도 이와 같고

모든 조사스님들도 이와 같으며 하늘 아래

수행하신 큰스님들도 꼭 이와 같을 뿐이다.

청산은 나를 보고 말 없이 살라 하고

창공은 나를 보고 티 없이 살라 하네

사랑도 벗어 놓고

미움도 벗어 놓고

물처럼 바람처럼

살다 가라 하네

태양을 다투는 사람들 (2) / 72×95cm / 1967년 작

유정 선사(사명 대사)

　법명은 유정, 자는 이환, 법호는 사명 또는 종봉 혹은 송운이라고도 하는데, 1544년 10월 13일 경상도 밀양 무안면 삼강동(현 고라리)에서 태어남. 아버지는 임수성이고, 어머니는 달성 서씨였다. 13세에 〈맹자孟子〉를 읽다가 책을 던지고, 그 길로 출가하여 김천 황악산 직지사에 입산하여 신묵 화상에게서 득도함. 〈전등록傳燈錄〉을 보다가 깨친 바가 있었고, 18세기에 선과에 급제하였으며, 33세에 선종 판사로 추대하는 중망을 물리치고, 묘향산에 들어가 청허스님을 모시고 더욱 크게 깨쳐 서산 스님의 법을 받았음. 임진왜란 때에는 크게 전공을 세웠고, 1604년(선조 三七) 1월 서산 대사의 부고를 받고 향산으로 가다가, 중도에서 국명(國命)을 받고 일본으로 건너가게 되니 그 때의 직함이 정헌 자헌대부 수병조판서 겸 지팔도 승의병 도총섭 행강화접반사(正憲資憲大夫 守兵曹判書 兼智八道 僧義兵 都總攝 倖講和接伴使)였음. 1610년(광해군 二) 8월 26일 가야산 해인사에서 대중을 모아 놓고 설법한 뒤에 가부좌로 앉아서 입적하였음. 그 때 세수 67세. 남은 것은 〈분충서난록〉, 〈사명집〉들 칠 권밖에 전하지 못함.

두사람 / 40.5×33cm / 1989년 작

애정은 윤회의 뿌리가 되고,

정욕은 몸을 받는 인연이 된다.

부처님께서 이르시기를

「음심을 지우지 못하면 티끌 속에서 벗어날 수 없다」

하셨고,

또한 「애정에 한 번 얽혀 붙게 되면 사람을 끌어다가

죄악의 문에 처넣는다」고 하셨다.

애갈이란 애정이 너무 간절하여 목말라 함이다.

세상의 뜬 이름을 탐하는 것은

쓸데없이 몸만 괴롭게 하는 것이요,

세상 잇속을 좇아 허둥대는 것은

업의 불에 섶을 더하는 것이다.

만약 누가 와서 해롭게 하거든

마땅히 마음을 거두어 잡아

성내거나 원망하지 말라.

한 생각 내면 백만 가지 장애의 문이 열린다.

춤추는 사람들 / 130×163cm / 1994년 작

경허 선사

경허 성우 1846~1912. 근대 스님. 처음 이름은 동욱. 속성은 송씨. 본관은 여산. 전주 출신. 9세에 광주 청계사 계허에게 출가, 14세에 동학사 만화에게 경학을 배우고, 23세 때 동학사에서 개강하였으나, 31세 때 여역이 창궐한 마을을 지나다가 생사의 긴박함을 깨닫고 학중들을 해산한 뒤, 문을 닫고 좌선하여 묘지를 크게 깨달음. 32세에 홍성 천장암에서 용암 혜언의 법을 잇고, 그 후부터 도처에서 선풍을 떨치면서 가야산 해인사 · 금정산 범어사 · 금강산 마하연 · 설봉잔 석왕사 등 여러 절에 머묾. 59세에 강계 · 삼수 등지에서 자취를 감춘 후 머리를 기르고 유관을 쓰고 스스로 난주라 이름하다가, 갑산 옹이방에서 입적. 세수 67, 법랍 59. 문하에 만공 월면 · 혜월 · 수월 음관 · 한암 중원 등의 제자를 둠. 윤태가 엮은 경허집 및 진성 원담이 엮은 경허법어, 이를 개제한 진흙소의 울음, 명정이 역주한 경허집이 있으며, 이흥우가 쓴 평전 공성의 피안길, 김정휴가 쓴 소설 '슬플 때마다 우리 곁에 오는 초인' 그리고 최인호가 쓴 소설 '길없는 길' 등이 있음.

가장 요긴한 것은 모든 일에 무심하고

마음에 일이 없게 하면 마음의 지혜가 자연히

깨끗하고 맑아진다.

사람들 / 95.5×189cm / 1978년 작

모든 일은 마음 따라 이루어지는 것이니

착한 일을 하면 천당에 태어나고

악한 일을 하면 지옥이 나타나고,

포악하면 범과 이라가 되고,

어리석으면 지렁이와 곤충이 되며,

가볍고 분주하면 나비가 된다.

옛사람이 이르되

"다만 한 생각의 차이 그대로

만 가지 형상이 나타난다" 하였다.

무릇 그 마음을 텅 비워서 성성하고 순일하게

하며, 흔들리지도 않고 혼미하지도 않게 해서

허공같이 훤출하게 하면

어느 곳에 생사가 있으며,

어느 곳에 보리가 있으며,

어느 곳에 선악이 있으며,

어느 곳에 범할 게 있겠는가.

다만 이 활달하고 역력히 밝아서

마루에서 밑바닥까지 사무치면,

살아도 삶을 따르지 않고,

멸해도 멸을 따르지 않고,

부처도 조사도 짓지 않으면,

크게는 대천 세계를 감싸고,

작게는 가는 티끌에라도 들어가면,

능히 부처이며 능히 중생이다.

얼굴 / 249.5×74cm / 1978년 작

대개 길을 가는 이가 처음 길을 떠날 때 길에

바로 들지 못하면 천리를 갔어도 헛걸음이니

길을 떠나지 않은 것만 못하다.

그래서 규봉 선사가 이르기를

"결택을 분명히 한 뒤

깨닫는 이치를 닦아 나아간다"고 하였다.

사람들 / 141.5×217cm / 1978년 작

대저, 우리 인생의 한 세상 삶은

건장한 청년기가 머물지 않음이

달리는 말과 같고

풀끝의 이슬 같고

지는 해와도 같으니

이는 무상無常이 빠름을 말함이다.

고기가 용이 되어 뼈를 바꾸어도

그 비늘은 고치지 못하고

범부가 마음을 돌이켜 부처가 되어도

얼굴은 고칠 수 없다고 하였다.

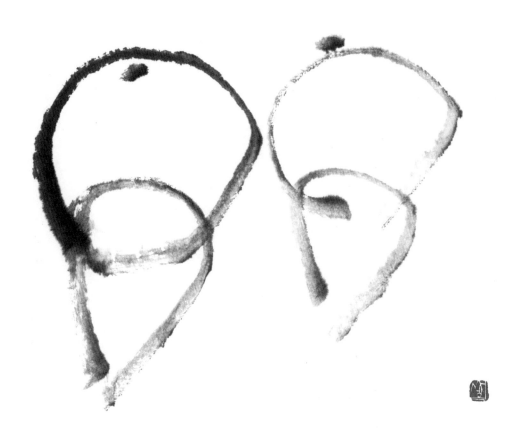

두사람 / 67.5×91cm / 1979년 작

똥무더기 같고 꿈결 같으며

원수나 도둑 같으며

독사 같다 함은

헛되고 부질 없어서 좋은 일이 없음을 말한다.

만공 선사

만공 월면 1871~1946. 근대 스님. 속성은 송씨. 전북 태인읍 출신. 13세 때 천장사 태허에게 출가, 34세 때 경허 성우의 법을 이어받음. 덕숭산 정혜사·금강산 유점사 등에서 선풍을 떨쳤고, 1930년 태화산 마곡사 주지를 거쳐, 1935년 선종 수좌대회에서 종정에 추대됨. 사리탑이 덕숭산 수덕사에 있음.

사람이 만물 가운데 가장 귀하다는 뜻은
'나'를 찾는 데 있다.

'나'라는 의의가 절대자유絶對自由로운데 있는

것으로 모든 것은 내 마음대로 자재自在 할 수

있어야 함에도 불구하고

우리 인간人間은 어느 때, 어느 곳에도

자유自由가 없고 무엇하나 임의任意로

되지 않는 것은 망아忘我가 주인이 되고

진아眞我가 종이 되어 살아 나가는 까닭이다.

망아忘我: 무엇에 마음을 빼앗겨 자기를 잊어버리는 것.

사람들 / 68×86cm / 1978년 작

세상에서 아무리 위대하다는 인물人物이라고

하더라도 자기면목自己面目을 모른다면

사생육취四生六趣에 윤회輪廻하는

한 분자分子에 지나지

않는다.

인생人生은 말꼬리에 매달려 울며 뒹굴러

가는 죄수처럼 업業의 사슬에 끌려 생生, 로老,

병病, 사死, 고苦의 길을 영겁永劫으로

순력巡歷하고 있는데, 그 쇠사슬은 자도自刀라야

끊어버릴 수 있다.

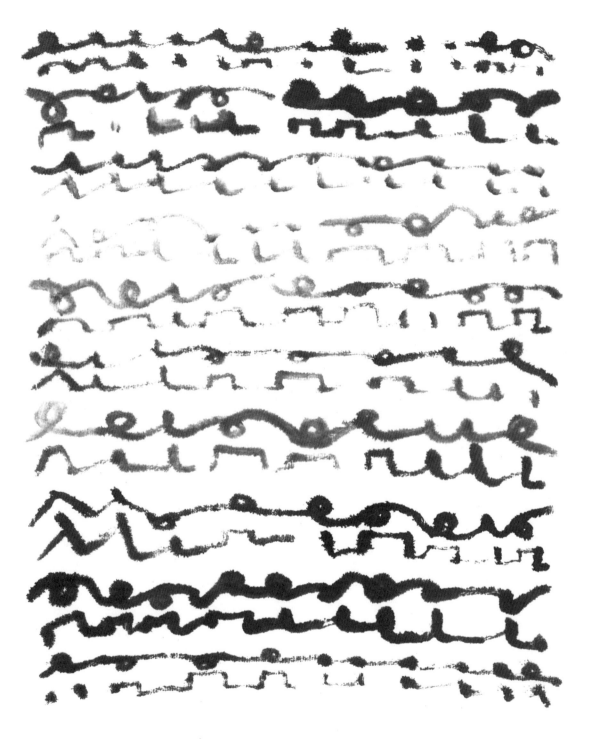

춤추는 사람들 / 122×98cm / 1981년 작

사회社會에서 뛰어난 학식學識과 인격으로

존경받는 사람일지라도

이 일(나를 찾는 일)을 알지 못하면

기실 사람의 정신을 잃어버린 인간과 같다.

세상에는 '나'를 알아 보느니, 찾아 보느니

하는 말과 문구文句는 있으나

육식六識으로 아는 나를 생각할 뿐이지

정말 나는 누구인가에 대해서는 상상조차

하지 못한다.

사람 / 99×78.5cm / 1981년 작

나는 무한극수적無限極數的 수명을 가진 존재로

죽을래야 죽을 수 없는 금강불괴신金剛不壞身이다.

육체의 생사生死는 나의 옷을 바꾸어 입는 것일

뿐, 인간이라면 자신이 소유한 생사의 옷쯤은

자유자재로 벗고 입을 줄 알아야 한다.

금강불괴신金剛不壞身: 금강처럼 견고하여 파괴되지 않은 육체.

공부하는 사람이 제일 주의해야 할 것은

먼저 나를 가르쳐 줄 선지식을 택해야 하고

나를 완성한 후에 남을 가르칠 생각을 해야

한다는 것이다.

춤추는 사람들 / 92×120cm / 1979년 작

짚신 한 컬레를 삼는데도 선생이 있고

이름 있는 버섯 한 송이도 나는 땅이 있는데

총섭總攝의 도道를 알려는 사람이

도인의 가르침 없이 어찌 도인이 될 수 있으며,

천하정기天下正氣를 다 모아 차지한 도인이

나는 땅이 어찌 특별히 있겠는가?

총섭總攝: 모든 것을 갈무리한다는 뜻.

하나, 라는 것은 있는 것도 아니요

없는 것도 아니요

이 정신 영혼도 아니요 마음도 아니니,

하나, 라는 것은 과연 무엇인가?

의심을 지어가되

고양이가 쥐를 노릴 때에

일념一念에 들 듯,

물이 흘러갈 때 간단히 없듯

의심을 간절히 해 가면 반드시 하나를 알게 된다.

사람들 / 9173×183cm / 1996년 작

산 몸이 불에 탈 때 정상적 정신을 가질 수

있겠는가?

헤아려서 미치지 못한다면

사선死線을 넘어서 자기전로自己前路가 막막하게

될 것을 미리 알아야 한다.

사선死線: 죽을 고비.

공부工夫가 늦어지는 까닭은

시간 여유가 있거니 하고

항상 믿는 마음 때문이다.

자고 나면 "오늘은 죽지 않고 살았으니

살아 있는 오늘에 공부를 마치자.

내일을 어찌 믿으랴!" 하고

매일매일 스스로 격려해 가야 한다.

춤추는 사람들 / 45×53cm / 1987년 작

물질은 각자 그 이름에 따르는 한 가지 책임을
다할 뿐인데 그러나 정신은 이름도 형상도
없지만 만유萬有의 근본이라. 어디서 무슨 일에나
절대 능력자다. 이러한 정신은 누구나 다 지니고
있는 것이라 정신만 도로 찾으면 만능인萬能人이
될 것이다.

정신이라는 전당願堂 안에는

생사生死와 선악善惡이라는 두 배우排優가

순번順番으로 삼라만상이라는 배경 앞에서

희비극喜悲劇을 무한겁無限劫으로 연출하고 있다.

사람 / 74.5×100cm / 1979년 작

아무리 문명이 발달한 나라라 하더라도

도인道人이 없으면 빈 나라요,

아무리 빈약한 나라라 하더라도

도인道人이 한 사람이라도 있으면

그 나라는 비어 있지 않은 나라다.

인간의 인생은 짧은 한 막의 연극에 지나지 않는데 이 연극의 한 장면이 종막 되면 희노喜怒를 연출하던 의식은 그만 자취없이 사라져 버리고 신체조차 부글부글 썩어 버리니 이 얼마나 허망한 일인가?

그 허망하기 짝이 없는 그 동안인들 일분一分의 자유가 있었던가?

밥을 먹다가도 불의不意의 죽을 일이 닥치면 씹던 밥도 못 삼키고 죽어야 하고, 아무리 많은 돈을 들여 집을 찬란하게 짓다가도 느닷없이 화재라도 만난다면 방 안에 한번 앉아보지도 못하고 허망하게 되지 않는가?

하물며 직접 내 자신의 일에도 이렇게 늘 자유를 잃어버린 인생의 집단인 사회와 국가를 세운다는 일이 얼마나 서글픈 일인가?

자유의 바탕을 얻어야 근본적 자유를 얻게 될 것이 아닌가?

자유가 어디에서 얻어지는 지도 모르는 인간들이 자유를 부르짖는 것은, 쌀도 없이 밥만을 지어 배부르게 먹는 이야기를 떠드는것과 같다.

사람 / 74.5×60cm / 1979년 작

인생은 자기업신自己業身의 반영인

몽환세계夢幻世界를 실상으로 알고

울고 웃고 하는 것이다.

이는 마치 은행나무가 물에 비치는 제 그림자를

이성으로 감응하여 열매를 맺는 것과 같다.

인간이 산다는 것은 생의 연속이 아니라

생멸生滅의 연속이다.

인간이 죽는 순간도 죽기 전후 생활은 다

잊어버리고

입태入胎 출태出胎의 고苦조차 기억하지 못하고

다만 현실적 육식으로 판단할 수 있는

생활만 느끼고 산다.

천당에 갔다가 지옥에 갔다가 사람이 되었다

짐승으로 떨어졌다 하는 그러한 생生이

금시 지나가고 또 한 생이 금시 닥쳐 오는 것이

마치 활동 사진의 필름에 연連해

교환이동交換移動되어 금방 다른 장면이 나타나는

것 같다.

연連해: 자꾸 계속하여.

사람 / 73×67cm / 1978년 작

인생은 과거를 부를 수도 없고

미래를 보증할 수도 없는 것.

현재가 현재일 뿐 현재를 완전히 파악하게

되어야 과거, 현재, 미래의 생활을

일단화−單化한 독립적 생활을 할 수 있다.

인생은 과거에 사는 것도 아니요,

미래에 사는 것도 아니요,

다만 현재에만 살고 있다.

현재란 잠시도 머물음이 없이

과거에서 미래로 이동하고 있는 순간이니

그 순간에 느끼는 불안정한 삶을 어찌 실實답다

할 수 있으랴!

과거와 현재가 합치된 현실이 있으니 현재는 과거

의 후신後身이요 미래의 전신前身으로 과거過去 현재現在

미래未來가 하나이기 때문이다.

기다리는 사람들 / 188×78cm / 1979년 작

세계를 중앙으로 하여 위로도 상상할 수도 없는

최고 문화 세계가 무량수無量數로 벌어져 있고

아래로도 저열극악低劣極惡한 지옥의 세계가

불가량不可量으로 있는데, 그 세계가 다 이

세계와 함께 몽환세계夢幻世界인 것이 사실이니,

과연 어떤 것이 실세계實世界인지?

그것을 알아 얻는 것이 곧 진아세계眞我世界를

체달體達하게 되는 것이다.

사람들 / 95×96cm / 1986년 작

인간들은 모두 자기에게만은 좋은 것이 와야 할

희망을 갖고 생을 이어가지만, 좋은 것을 취하는

것이 곧 언짢은 것을 얻는 원인인 줄은 알지

못한다.

인격이 환경에 휘둘리는 사람은

영원한 평안平安을 얻을 길이 없다

아무리 진보된 세인世人들의 이론이나 심원深遠한

학설이라 할 지라도 그것으로 인생 문제를

도저히 해결할 수 없는 것은 명상名相에

집착되었기 때문이다

세상에는 바른 말 하는 사람도 없는 동시에

그른 말 하는 사람도 없다.

사람들 / 39×95cm / 1987년 작

현대 과학이 아무리 만능을 자랑하지만

자타自他를 위하여 순용順用되지 않고 역용逆用되는 이상

그것은 인류에게 실리實利를 주는 것보다

해독害毒을 더 많이 주는 것이다.

다만 세계가 불법을 생활화한 물질과 정신의 합치인

참된 과학시대가 와야

전 인류는 합리적인 제도하에서

안정된 생활을 하게 될 것이다.

그러므로 정신문명精神文明을 건설하여야

잘 살 수 있다.

사람들 / 74.5×131cm / 1989년 작

물질과학物質科學의 힘으로 자연自然의

일부一部는 정복할 수 있겠지만 자연의 전체를

정복할 수는 없다.

설사 정복한다 하더라도 그것은 다생多生에

익혀온 습성習性을 어느 정도까지 만족시키는 데

지나지 않는 것으로 습성 자체는 정복하지는

못한다.

습성 자체를 정복하고 그 근본에 체달體達한

후라야 비로소 자연自然과 습성習性을 모두

자가용自家用으로 삼게 될 것이다.

물질物質과 정신精神이 합치된 과학자는

영원한 만능萬能을 발휘할 수 있다.

정오의 원무 / 80.5×87cm / 1989년 작

현대 사람은 자만심自慢心을 본위本位로 신경만
예민하여 자기가 이해할 수 없는 법문法門을 들을
때에는 신중히 생각하지도 않고 부인할 아무
근거도 없이 무조건적으로 반박해 버리는 것으로
쾌사快事를 삼는 일이 많으니 그것은 암흑의 길을
자취自取하는 것이다.

아집我執은 배타적排他的 정신이라

남이 곧 '나'라는 것을 알지 못하는 까닭에

'나'를 점점 더 축소시키는 무지無知와도 같다.

사람 / 177×93.5cm / 1992년 작

중생들은 잘하고 착해야 된다는 것을 알면서도

잘하고 착하게 하는 사람, 곧 '나'를 찾는

공부는 할 생각을 못한다.

지구地球라는 한 모태母胎에서

같이 출생한 동포가

서로 총칼을 겨누게 되니

어느 형을 찌르려고 칼을 갈며

어느 아우를 죽이려고 총을 만드는지

참으로 비참한 일이다.

사람들 / 115×94cm / 1986년 작

물질은 쓰는 것이요 정신은 바탕인데,

물질과 정신의 일단화―單化를 불법佛法이라 한다.

불법에 완전을 이루지 못하면

인생의 영원한 전정前程을 보증할 길이 없다.

입이 말을 하는 것이 아니요

손이 일을 하는 것이 아니니

말하고 일하는 그 정체를 알아야

참된 말과 일을 하는 것이며

정작 인간이 되는 것이다.

사람들 / 75×7163cm / 1986년 작

허공虛空(자아自我, 자성自省)은 마음을 낳고

마음은 인격(대표적인 인격자를 불이라 함)을 낳고

인격은 행동을 낳는다.

세상에는 물심양면物心兩面이라면 우주의

총칭인줄 알지만 우주의 정체正體는 따로 있다.

사람 / 130×162cm / 1990년 작

수도생활을 하는 것은 성품이 백련白蓮같이 되어

세속世俗에 물들지 않는 사람이 되려는 것이다.

짧은 일생을 위하여 하는 세속世俗 학문도

반평생을 허비해야 하거늘, 하물며 미래 세계가

다함이 없는 전정前程을 개척하려는 그 공부를

어찌 천년千年이 멀다하며 만년萬年을 지루하다

할 것인가?

전정前程: 앞길
[전정이 구만리 같다] 나이가 젊어서 뜻을 이룰 시간적 여유가 많다.

마음은 무한대無限大라, 마음의 시작인 몸의 힘도

제한되지 않는 것이다.

숨 한번 마시고 내쉬지 못한다면 목숨은 끝나는
것. 이 목숨이 다하기 전에 정진력을 못 얻으면
눈빛이 땅에 떨어질 때에 내 정신이 아득해져서
인생의 길을 잃어버리게 된다.

춤추는 사람들 / 260×160cm / 1988년 작

조그마한 나라를 회복하려 해도 수많은 희생을

요하는 것. 전 우주인 '나'를 도로 찾으려 할 때

그만한 대가를 지불할 예산을 세워야 한다.

춤추는 사람들 / 162×260cm / 1989년 작

누구나 물건을 잃어버린 줄은 알게 되지만

내가 나를 잃어버린 것은 모른다.

미물微物을 업신여기는 마음으로는

후일에 나도 미물이 될 수 있다.

사람 / 70×62cm / 1979년 작

남에게 이익을 주는 것이 정말 내게 이익이 되고
남에게 베푸는 것이 정말 고리高利의 저금貯金이
된다.

사람들 / 128×164cm / 1989년 작

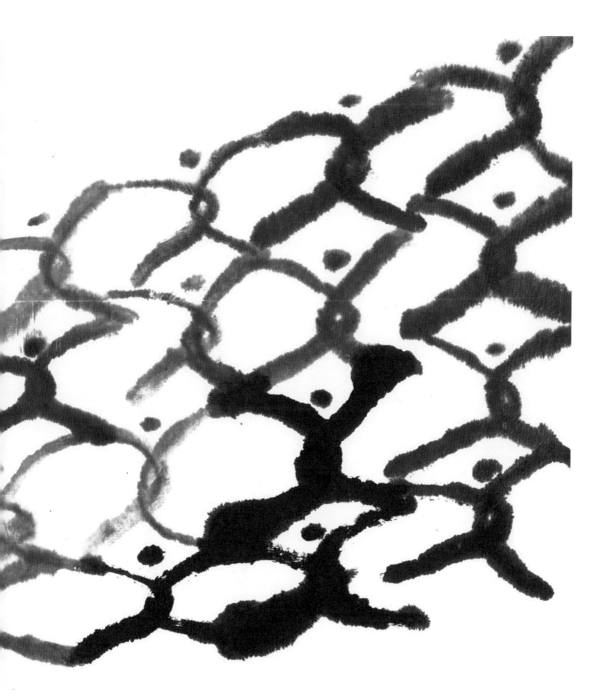

내 잘못을 남에게 미루는 것은

가장 비열한 방법이며

천 번 생각하는 것이 한 번 실행함만 못하고

방일放逸은 온갖 위험을 초래한다.

방일放逸: 제멋대로 거리낌 없이 노는 것.

지옥이 무서운 것이 아니라

내 마음 가운데 일어나는

탐貪 · 진瞋 · 치痴가 가장 무서운 것이다.

삼독三毒: 사람의 착한 마음을 해하는 세 가지의 번뇌를 일컫는다.
　　　　탐貪 · 진瞋 · 치痴.

사람들 / 115×148cm / 1988년 작

생각이 있을 때는 삼라만상이 나타나고

생각이 없어지면 그 바탕은 곧 무無로 돌아간다.

얻는 것이 없으면 잃는 것도 없다.

용성 선사

　용성 진종 1864~1940. 근대 스님. 독립운동가 속성은 백씨. 속명은 상
규. 전북 남원 출신. 16세 때 해인사의 화월에게 출가함. 선·교를 겸하
여 공부하고, 3·1운동 때는 민족 대표 33인의 한 사람으로 독립선언서
에 서명. 1년 6개월 간 복역함. 출옥 후에는 불교 종단의 정화를 위하여
노력, 대처승의 법통계승을 인정하는 일본의 종교 정책에 반대함. 우리
나라 불교의 장래를 위하여 예농병행설을 주창하며, 함양에 화과원과 북
간도 농장을 만듦. 또한 불교의 대중화를 위해 역경과 저술에 힘쓰면서
대각사를 창건. 1962년 대한민국 건국공로훈장 복장이 추서됨. 저서로
는 용성선사어록·수심론·귀원정종·각해일륜·창공원일 등이 있으며
1992년 용성선사전집 전18권이 간행됨.

두사람 / 35.5×42cm / 1995년 작

우리의 마음은 두 가지의 뜻이 있다. 그 하나는 참되고 밝은 마음이요, 또 다른 하나는 육신으로 이루어진 기관에 의탁해 있는 생멸하는 마음이다.

이를 육단심肉團心이라고도 일컫는다. 참되고 밝은 마음이 곧 생멸하지 않는 마음이요, 육단심이란 생멸하는 마음이다.

사람들 / 92×129cm / 1979년 작

마음이란 곧 거울의 본체와 같고 본성이란 또한 거울

의 빛과 같으니 이것이 만물의 본성과 현상이요 상대

한 성性이다.

만해 한용운 萬海 韓龍雲

한용운 1879~1944. 근대 스님. 이름은 봉완. 별호는 만해. 시인·독립운동가 서당에서 한학을 배우다가 동학혁명에 가담했으나 실패하자, 1896년 일단 출가하여 설악산 오세암·인제 백담사 등지를 전전하다가, 연곡에게 출가하고 만화에게서 법을 받음. 1908년 일본에 가서 신문명을 시찰함. 1910년 이회광의 친일매불 음모에 대항하여 박한영·진진응 등과 함께 조선 임제종 종무원을 설치하고 그 임시 관장에 취임함. 1911년 만주에 가서 독립군 군관학교를 방문, 이를 격려하고 만주 시베리아 등지로 방랑하다가 1913년에 귀국. 그 해 통도사에 들어가 불교대전을 지어 1914년 이를 범어사에서 간행. 대승불교의 반야사상에 입각하여 종래의 무능한 불교를 개혁하고 불교의 현실 참여를 주장함. 1918년 서울 계동에서 월간지 유심을 발간. 1919년 3·1운동 때 민족 대표 33인의 한 사람으로서 독립선언서에 서명, 체포되어 3년형을 선고받고 복역함. 1926년 시집 '님의 침묵'을 출판하여 저항 문학에 앞장섰고, 1927년 신간회를 발기, 중앙집행위원으로 경성 지회장을 겸함. 1931년 조선불교청년회를 조선 불교청년동맹으로 개칭, 불교를 통한 청년 운동을 강화하고, 그 해 월간지 불교를 인수, 이후 많은 논설을 발표하여 불교의 대중화와 항일 독립사상 고취에 힘씀. 1935년 흑풍을 조선일보에 연재하였고, 1937년 불교계통의 항일 단체인 만당사건이 발각되어 일경의 심한 감시를 받기도 함. 1944년 6월 29일 서울 성북동 심우장에서 입적. 1962년 대한민국 건국공로훈장 중장이 추서됨.

저서로는 님의 침묵·조선불교유신론·십현담주해·불교대전, 1973년 한용운전집 전 6권이 간행됨.

사나이 이르는 곳 어디나 고향인데

몇 사람이나 나그네 시름에 젖었으리.

한 마디 외쳐 우주를 갈파喝破하니

눈 속의 복사꽃 발갛게 나부낀다.

갈파喝破: 그릇된 설說을 무너뜨리고 진리를 밝혀 말하는 것.

이렇게 보는 자者는 능能히

색色에서 공空을 보고 공에서 색色을 볼 지니

다시 말하면

선禪에서 문자文字를 보고

문자에서 선을 얻을지니.

춤추는 사람들 / 48×53cm / 1995년 작

이 세상에 어찌 성공과 실패가

그 자체로서 존재하겠는가.

오직 사람에 의거하여 결정될 뿐이다.

온갖 만사가 어느 하나도

사람의 노력 여하에 따라서

소위 성공도 되고 실패도 되고

하지 않는 것이란 없는 법이니

만약 일이 자립하는 힘이 없고

사람에 의존할 뿐이라면

일의 성패도 또한

결국은 사람의 책임일 따름이다.

인생이란 덧없이 가는 것이 아닌가.

밤낮 근근이 살자고 하다가 생명이 가면

무엇이 남는가. 명예인가. 부귀인가.

모두 다 쉬운 것이 아니던가

결국 모든 것이 공空이 되고

무색하고 무형한 것이 되어 버리지 않는가

나의 회의는 점점 커져만 갔다.

나는 이 회의 때문에 머리가 끊임없이

혼란하여짐을 깨달았다.

해 가고 해 옴이 시간에 있어서 무슨 분별이 있으랴만은 사람들은 그것을 가리켜 시간의 계단이라 한다. 사람들은 묵은 해를 보내고 새해를 맞기 위하여 모든 준비를 하지 아니하면 아니 된다.

사람들 / 38×43.5cm / 1995년 작

배를 띄우는 흐름은 그 근원根源이 멀도다.

송이 큰 꽃나무는 그 뿌리가 깊도다.

가벼이 날으는 떨어진 잎새야 가을 바람이

굳셈이랴.

서리 아래에 푸르다고 구태여 묻지 마라.

그 대竹의 가운데는 무슨 걸림도 없느니라.

미美의 음音보다도 묘妙한 소리

거친 물길에 돛대가 낳다.

보느냐. 샛별같은 너의 눈으로

천만千萬의 장애를 타파하고

대양大洋에 도착하는 득의得意의 파波를.

보이리라. 우주의 신비.

들리리라. 만유萬有의 묘음妙音.

가자. 가자. 사막도 아닌 빙해氷海도 아닌

우리의 고원故園.

아니 가면 뉘라서 보랴.

한 송이, 두 송이 피는 매화.

경봉 선사

경봉 정석 1892~1982. 현대 스님. 시호는 원광. 속명 김용국. 경남 밀양 출신. 15세에 출가하여 양산 통도사 성해의 제자가 됨. 경전 연구에 몰두했으나, "종일토록 남의 보배를 세어도 반푼어치의 이익도 없다."는 구절을 읽고 참선을 시작함. 내원사 · 해인사 · 금강산 마하연 · 석왕사 등지에서 수행. 1925년 통도사 극락암 양로염불만일회 회주, 1932년 통도사의 불교전문강원 원장. 1935년 통도사 주지. 1941년 조선불교중앙선리참구원 이사장. 1949년 통도사 주지 역임. 1953년 11월 통도사 극락선원 조실로 추대되어 입적하기까지 독자적인 선풍으로 많은 후학과 신도들을 지도함. 특히 한시와 시조, 서예에도 조예가 깊어 서예로써 설법을 대신하였으며, 조사어록을 인용하지 않고 자신의 개안에 의한 일상어로 설법, 1982년 7월 17일 문도들에게, "야반삼경에 대문 문빗장을 만져 보거라." 하는 임종게를 남기고 입적.

저서로는 법어집 법해 · 속법해, 한시집 원광한화, 유묵집 선문묵일점, 서간집 회중연화소식 및 경봉대선사일기 등이 있으며, 김현준이 지은 일대기 '바보가 되거라'가 있음.

지구가 빨리 돌고 있지만 움직이는 가운데

움직이지 않는 도리가 있기 때문에

우리가 움직이는 것을 알지 못하고 만물이

가만히 서 있는 듯 보인다.

생엿을 손으로 만지면 손에 묻고 옻칠을 하자면

손에 묻으니 생엿을 만질 때에는 밀가루를 바르고

옻칠을 할 때에는 참기름을 바르고 만지면 붙지

않는 것처럼 육근 육식의 때를 묻히기 전에

마음을 비울 줄 아는 지혜가 있으면 그것에

물들지 않는다.

사람은 왜 늙는가?

마음에 병이 있기 때문에 가슴이 답답하고

머리가 아픈 것이다

이 병 때문에 늙음을 재촉하는 것이다.

젊은이들은 이 세상에서 '나' 는 '남'을 위해서 무엇을 얼마나 좋은 일을 했는가를 반성해 보고 또 이 세상을 얼마나 살다가 어디로 갈 것인가 생각해 봐야 한다.

사업을 하는 사람은 밤이나 낮이나 머릿속에 일이

떠나서는 안 되듯 학문하는 사람도

전공하는 분야가 머릿속에서 떠나서는 안 되는

것과 같이 수행에 뜻을 둔 사람은 모름지기

오관五觀을 생각하고 검약한 생활을 해야겠다.

오관五觀:
① 다섯종류의 관법 - 1. 진관 2. 청정관 3. 광대지혜관 4. 비관 5. 지관
② 5안이 보이는 대상의 상이함에 따라 생기는 5관
   1. 육안 2. 천안 3. 혜안 4. 법안 5. 불안
③ 승려가 식사에 임할 때 일으켜야 할 다섯 마음
   1 음식물을 얻음에 놓아주고 시주한 사람 은혜
   2. 나에게 이것을 받을 수 있는 덕이 있는지 없는지 생각함
   3. 삼가해서 많이 탐내지 않도록 하는 일
   4. 기갈을 치료하는 양약이라고 여김
   5. 도닦기 위한 음식물이라고 여김

옥을 캐서 닦을수록 광채가 나듯이

이 마음은 닦을수록 빛이 난다.

이 마음은 본래 백천일월百千日月보다

밝은 자리건만

제 스스로 무명풍을 일으켜서

어둡게 해놓은 것이니

차차 수련해서

그 무명풍을 쥐고 번뇌의 바람이 자고

지극히 고요한 데 들어가면 맑아지고

맑아지면 밝아지고

밝아지면 통한다.

사람들 / 42.5×32.5cm / 1995년 작

남편은 부지런히 일을 하여 사업을 성취해서 집안

식구들이 밥먹고 옷입는 것을 때를 따라서

어려움 없도록 함으로써 가정과 사회와 국가를

위하여 활동해야 한다.

잘 사는 것은

지혜 놀음이니 게으름 피지 말고

힘써 하면 먹고 입는 일이 군색하지 않다.

자기 부인에게 쓸만한 물질이나 돈을 맡겨놓고

쓰도록 해야지 그렇지 않고 여자를 의심하면

가정이 잘될 수 없다.

믿음은 도의 근원이 되고 공덕의 어머니가 된다고

하듯이 부부간에도 의심 없는 가운데

서로 믿음이 있어야 가정뿐 아니라

모든 일이 잘된다.

남자가 밖으로 삿된 마음을 두고 계집질을 하면

집안이 화목하지 못하고

화목하지 못하면 집안이 잘될 리 없다.

사람들 / 63×129cm / 1994년 작

어떤 여자라도 항상 마음이 부드럽고 온화하고

착하고 순하고 공경스러워야 한다.

좀 부언附言을 해서 말 한다면,

여자가 성질이 모질어서 가장이 무어라고 하면,

신경질을 낸다거나,

눈을 부릅뜨고 이를 뿌드득 갈고 욕을 하면,

그 사람에게는 가장이 일찍 죽든지

자기 자식이 없든지 돈이 없든지 하는

해로운 것이 온다.

부언附言: 덧붙혀서 말하는 것.

남녀간에는 어쨌든 정조가 있어야 한다.

정조가 없다는 것은 꽃이 아무리 고와도

향기가 없으면 그 꽃이 가치가 없는 것과도 같다.

더구나 여자가 정조가 없으면

아무짝에도 쓸모없을 뿐 아니라

집안을 망치는 일이 되니

정조를 잘 지키라는 말이다.

사람들 / 258×160cm / 1995년 작

가장의 좋은 점과 잘 해주는 점은 다 잊어버리고

조금 잘못되고 섭섭하게 한 것만 가슴속에 품고

있다가 오랜 시간이 지난 다음에 그 일을 끄집어

내어 대드는 경우가 있다.

그렇게 한다면 아늑한 가정의 조화를

이룰 수 없는 것이다.

부인의 경우 평소에 소소한 물질을 가지고

남과 다투지 말아라.

내 집안을 건설하고 사회, 국가, 인류를 위해서

헌신할 수 있는 사람이

소소한 물질로 남과 다툰대서야 말이 아니다.

두사람 / 163×132cm / 1992년 작

사람이 살자면 좋은 일 궂은 일이 생기게

마련이고 즐거움도 있고 괴로움도 있는 것이다.

집안에 곤란한 일이 생기면

가장이나 시부모를 원망하다가

나중에는 중매선 사람까지 원망하면서

공연히 중매를 서서 이런 고생을 시킨다고

불평하기도 한다.

여자가 살림을 잘 꾸려서 집안 형편을 복구해야지
분에 넘치게 생활해서는 안 된다.
분수를 지켜 살아가면 갑자기 큰 불행을 만나더라
도 놀라지 않고 용기를 갖고 헤쳐나가며 잘 살 수
가 있는 것이다.

두사람 / 31×40cm / 1996년 작

부모에게 효성이 있고

가장에게 잘 하고

다른 사람에게도 착하고

공경스레 대하라.

남을 공경할 줄 모르면 부모나 가장한테도

잘못하게 된다.

동산 선사

　동산 혜일 1890~1965. 근대 스님. 속성은 하씨. 충북 단양군 출신. 5
세 때부터 향리의 서당에 입학하여 한학을 배우기 시작. 13세까지 향교
에서 배운 뒤 보통학교에 입학. 19세에 서울 중동학교 졸업. 1913년 의학
전문학교 졸업. 같은 해 부산 범어사에서 용성 진종 화상을 은사로 득도.
1914년 성월 화상을 계사로 수계. 이후 장성 백양사에서 전등록·선문
염송·범망경·사분율 등을 수학. 35세에 범어사 영명 화상에게 화엄경
을 수학한 뒤, 직지사 천불선원에서 3년 동안 결사 수행. 1936년 전국수
좌대회준비위원회, 순회포교사로 추대됨. 같은 해 용성 화상으로부터 사
법증과 계맥을 전수받음. 57세에 서울 선학원의 유교법회에서 종지를 제
창함. 1958년 대한불교 조계종 종정에 취임. 1965년 부산 범어사에서 입
적. 세수 75, 법랍 53.

두사람 / 32×40cm / 1995년 작

사람 / 33×30cm / 1993년 작

마음은 걸림이 없을수록 모양이 없고

계박繫縛함이 없을수록 그 힘이 광대廣大하다.

이러한 마음이야 누구에게도 평등平等해 있는

것이지, 어느 누구라 해서 덜하고 더하는

차별差別이 없다. 또 있고 있지 않는 곳이

없어[無在不在] 십방十方이 곧 목전目前이요,

알고 모르는 것이 도무지 없고[無知不知] 조금도

걸림이 없는 것이 이 마음이다.

이 마음은 이와 같이 걸림이 없는 것이다.

지地 · 수水 · 화火 · 풍風 사대四大에도 걸림이 없고

번뇌망상에도 걸림이 없고 선심에도 걸림이 없고

이승二乘의 법法과 무루도無漏道에도 걸림 없다.

무루無漏: 번뇌에서 벗어남을 말하는 것.

사람 / 38×27.5cm / 1996년 작

청담 선사

청담순호 1902~1971. 근대 스님. 속명은 이찬호. 1925년 진주농고를 졸업하고 고성 옥천사에서 석전 박한영을 만나 출가. 개운사 대원 전문 강원에서 대교과 이수. 그 뒤 만공 월면 선사의 인가를 받음. 1930년 50여 명의 청년 승려를 모아 전국학인대회를 결성하여 식민지 종교정책에 항거함. 1954년 전국비구승대표자대회를 주도하였고, 초대 총무원장에 취임. 1966년 통합종단의 제2대 종정이 되었으나, 1969년 교계의 앞날을 염려하여 종단 탈퇴를 선언하기도 했음. 1970년 총무원장에 재임되어 도선사에 머묾. 1971년 11월 15일 입적. 세수 70. 법랍 46.

저서로는 반야심경강의 · 금강경대강좌 등이 있음.

사람들 / 133×174cm / 1996년 작

모든 것이 다 허망한데 그 중에 허망하지 않은 것
이 있다면 그것은 '마음'뿐이라는 것을 꼭
알아야 한다.

육신은 〈내〉가 아니고 죽어 없어질 한낱
물질이며 죽지 않는 마음, 즉 영원히 살아 있는
〈내〉가 어디 있는가를 일깨워 찾아내야 할
것이다.
'사람이 꼭 해야 할 일이 무엇이고 꼭 가야 할
길이 어디인가?'

효봉 선사

효봉 학눌 1888~1966. 근대 스님. 초휘는 원명. 속성은 이씨. 평양고보를 거쳐 일본 와세다대학을 졸업하고 판사가 되었으나, 독립 투사가 형벌을 받는 데 대한 가책과 생에 대한 회의로 번민하다가, 1925년 금강산 신계사의 석두 보택에게 출가하여 사미계를 받은 후, 수도를 시작. 1932년 동선 정의에게 구족계를 받음. 이후 여러 산을 편력함. 1946년 해인사 가야총림 방장에 추대되어 한국 전쟁 발발 때까지 도제 양성에 진력. 1954년 통영에 미래사를 창건하고, 불교 종단 정화준비위원이 되어 불교정화운동에 앞장섰으며 1958년 조계종 종정으로 한국 불교통합에 노력하여 조계종을 통합 종단으로 발족, 1962년 통합 종단의 초대 종정에 취임. 1966년 10월 15일 밀양 표충사에서 입적.

저마다 일없는 사람을 좋아하면서 무엇 때문에

고통과 죽음을 스스로 만드는가?

그것은 들것을 찾다가 옥을 떨어뜨려 부수는

격이니, 만일 그렇게 마음을 쓰면 벗어날 기약이

없는 것이다.

각자의 보물창고에는 모든 것이 다 갖추어져

있으니, 그 끝없는 수용을 다른 데서 구하지

말라.

만사를 모두 인연에 맡겨두고

옳고 그름에 아예 상관하지 말라

허망한 생각이 갑자기 일어나거든

한 칼로 두 동강을 내어 버려라.

내 마음이 쉬지 않으면 고요한 곳이 곧 시끄러운

곳이 되고, 내 마음이 쉬기만 하면 시끄러운 곳도

고요한 곳이 된다.

선지식이 없을 때에는 고인古人의 어록語錄

으로 스승을 삼아야 한다.

또 우리가 날마다 해야 할 일은 묵언默言하는

일이니, 아는 이는 말하지 않고 말하는 이는 알지

못한다.

그러므로 옛 사람의 말에 말이 많고 생각이

많으면 가는 곳마다 걸린다 하였으니 이 어찌

믿지 않을 것인가?

묵언默言: 말을 하지 않는 것.

사람들 / 130×163cm / 1993년 작

만암 선사

　만암 종헌 1876~1957. 근대 스님. 목양 산인이라고도 함. 속성은 송씨. 장성 백양사에서 출가하여 1891년부터 10년 간 취운 도진에게 경전을 배우고, 1901년부터 운문선원에서 참구. 1911년 비로소 개당. 1924년 백양사 주지에 취임하여 22년 간 중창불사에 힘씀. 1928년 중앙불교 전문학교 교장이 되고, 1950년 대한불교 교정, 1952년 대한불교 조계종 종정이 됨. 저서에 만암문집이 있음.

무슨 일로 사람에겐 갖은 수심 쌓이나,

무정한 세월은 마치 물 흐르듯 하네.

태어난 이래 곳곳마다 반야般若요,

늙어가는 마음 마음에 태평함 부끄럽다오.

우습다, 헛되이 보낸 청춘의 나그네,

어느덧 백발白髮에 팔순八旬 되었도다.

반야般若: 모든 사물의 본래의 양성을 이해하고 불법의 진실된 모습을 파악하는 지성의 작용.
혹은 최고의 진리를 인식하는 지혜. 여실지如實智.

사람들 / 163×130cm / 1994년 작

생사는 본래 그 끈을 벗어나지 않는 것

괴로움과 즐거움 다름없어 다 같이 짝한다네

사람의 성품은 선함도 악함도 없는 것

화와 복은 함께 돌아 근본이 명료하다.

한편 기뻐하고 한편 슬퍼함도 꿈같이 덧없는 일

혹은 옳고 혹은 그르다 함은 어찌 참이라 하랴

심성이 안정되어야 마침내 자기에게 돌아가리니

일절一切의 작사作事도 족足히 도道도 진진津津하다.

진진津津: 풍성하게 많거나 맛이 아주 좋거나 퍽 재미있는 모양, 흥미
가 매우 깊다.

해안 선사

해안봉수 1901~1974. 근대 스님. 전북 부안군 출신. 어려서 한학을 배우고 14세에 변산 내소사의 만허 선사 문하에 출가. 17세에 장성 백양사 만암종헌 화상에게 사미계를 받고 백양사지방학림에 입학. 18세 되던 1929년 납월 8일의 7일 용맹정진에 참석하여 학명 계종 선사에게 받은 화두 은산철벽을 참구하고 심기일전하여 개오. 1920년 백양사지방학림을 졸업하고 상경하여 불교중앙학림에 입학, 2년 간 수학. 백양사에서 대선 법계 품수. 1922년 중국에 가서 제방을 참견한 후 북경대학에서 2년 간 불교학을 연구함. 1925년 귀국, 1927년 내소사 주지에 취임하고, 1945년 금산사 주지에 취임. 금산사에 서래선림을 개설하고 후학 지도에 전념. 1950년 변산 지장암으로 서래선림을 옮겨 머뭄. 1969년 불교 전등회를 창립하고 서울, 전주에도 지부를 개설하여 대중 교화를 펼침. 그는 염불·참선·독경에 의한 수행을 강조했으며, 특히 금강경 독송을 권하였음.

저서로 해안강의금강경·해안집 등이 있음.

깨달으면 천하가 화평하고 미혹하면 자기 한 몸도 불안하며, 깨달으면 천지가 걸림이 없고 미혹하면 일마다 뒤바뀐다.

천하가 화평하면 인류가 공존하고 자기가 불안하면 만방이 다 두려우며 천지에 걸림이 없으면 가는 곳마다 극락의 세계요, 일마다 뒤바뀌면 가는 곳마다 모두 지옥을 면치 못하리.

고요한 달밤에 거문고를 안고 오는 벗이나

단소를 손에 쥐고 오는 친구가 있다면

구태여 줄을 골라 곡조를 아니 들어도 좋다.

맑은 새벽에 외로이 앉아 향을 사르고

산창山窓으로 스며드는 솔바람을 듣는 사람이라면

구태여 불경을 아니 외워도 좋다

봄 다 가는 날 떨어지는 꽃을 조문하고

귀촉도 울음을 귀에 담는 사람이라면

구태여 시詩를 쓰는 시인詩人이 아니어도 좋다.

아침 일찍 세수한 물로 화분을 적시며

난초잎에 손질을 할 줄 아는 사람이라면

구태여 그림을 그리는 화가가 아니라도 좋다.

구름을 찾아가다가 바랑을 베개하고

바위에서 한가히 잠든 스님을 보거든

아예 도道라는 속된 말을 묻지 않아도 좋다.

야점사양野店斜陽에 길 가다 술 사는 사람을

만나거든

어디로 가는 나그네인가 다정히 인사하고

아예 가고 오는 세상 시름일랑 묻지 않아도 좋다.

구산 선사

구산 수련 1909~1983. 현대 스님. 자호는 석사자. 속명은 소봉호. 본관
은 진양. 전남 남원 출신. 18세에 남원보통학교를 졸업한 뒤 한학을 배움.
1935년 병으로 신음하던 중 진주의 안처사로부터 "본래 청정한 자성 자
리이거늘 어디에 병이 붙겠는가?"라는 말을 듣고 발심. 지리산 영원사에서
백일 천수기도를 드린 뒤 병이 낳아, 1937년 출가. 1938년 석가탄신일에
효봉 하눌 선사를 은사로 조계산 송광사 삼일암에서 사미계수지. 1940년
4월 영축산 통도사 금강계단에서 해담 치익 화상으로부터 비구계를 받음.
1941년 가야산 해인사 백련암 중건. 1942년에는 금강산에서, 1943년에
는 금릉군 수도암의 정각토굴에서 정진. 1946년 효봉 선사를 방장으로 한
최초의 해인총림이 개설되자, 도감소임을 맡음. 1950년 6·25 전쟁으로
가야총림이 흩어지자 진주 응석사에 가서 정진. 1951년 정월, 효봉 선사
에게 오도송을 지어 보내자, 효봉이 전법게를 내림. 1954년부터 교단 정
화운동에 참여. 전남 종무원장, 감찰원장 취임. 1962년 대구 동화사 주지
취임. 1965년 주지직을 사임하고 금당선원에 머묾. 1969년 4월 15일 송
광사에 조계총림이 설립되자 초대 방장으로 추대됨. 이후 송광사에 국제
선원을 개설하는 등 활발한 대중 교화운동을 펼침. 1983년 12월 16일 송
광사에서 입적.

저서로는 석사자 · 7바라밀 · 나인 마운틴즈(Nine Mountains)가 있음.

초저녁에 나타나는 꿈은 과거의 일들이요,
새벽에 나타나는 꿈은 미래에 대한 예지의
꿈이다.

마음이 약화되면 육체는 병이 나고

육체가 병이 나게 되면 하고자 하는 일을 뜻대로

이룰 수 없다.

사람들 / 255×163cm / 1996년 작

인간은 수양의 경지가 높아질수록 겸손하고 양보심이

많고 자비하며 대인관계가 원만해진다.

인간에게 있어서 무엇보다 중요한 것은 육체 본위로 살아야 한다. 물질에만 치중하지 말아야 한다는 것이다.

물질에만 치중하지 말고 마음을 찾아서 깨쳐야 완전한 인격을 성취할 수 있다.

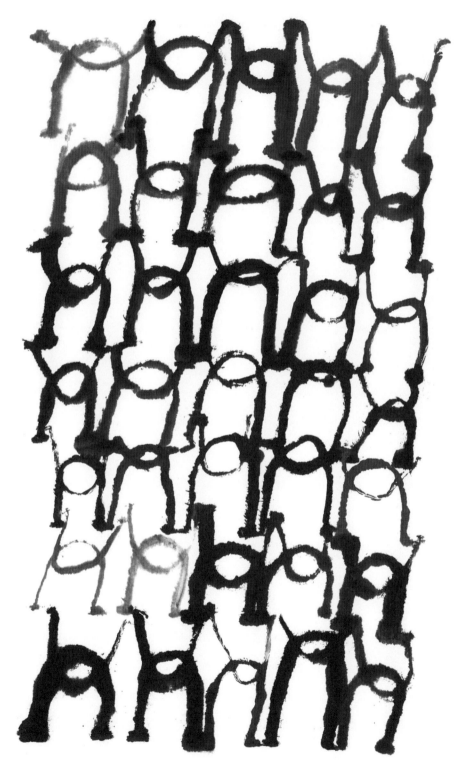

사람들 / 255×163cm / 1996년 작

아무리 좋은 천으로 옷을 지어 입어도 헤어지고

떨어지면 불가불 갈아입지 않을 수 없다.

그러나 새옷을 갈아 입었다 해서 사람까지

딴 사람으로 변하겠는가?

춤추는 사람들 / 163×257cm / 1996년 작

성철 선사

성철 스님 1912년 2월 19일 경남 산청군 단성면 묵곡리에서 아버지 이상언 님과 어머니 강상봉 님 사이에 장남으로 출생. 속명 영주. 1936년 해인사 출가. 하동산 스님을 은사로 수계 득도. 범어사 금어선원에서 하안거, 범어서 원효암에서 동안거, 금강산 마야연 등에서 안거함. 29세 때 대구 동화사 금당선원에서 마침내 칠통 타파하고 오도송을 읊음. 1955년 교단 정화 후 초대 해인사 주지에 임명되었으나 거절하고, 팔공산 파계사 성전암으로 옮겨 철망을 치고 10여 년을 동구불출하며 도광을 숨김. 1967년 가야산 해인사 초대 방장에 추대, 백련암에 주석, 백일법문을 함. 1981년 대한불교조계종 제7대 종정, 1991년 제8대 종정으로 재추대. 종문의 이론서인『선문정로』를 저술하고 상당법어집인『본지풍광』을 발간했으며『돈오입도요문론강설』·『신심명 · 증도가 강설』·『자기를 바로봅시다』·『선림고경총서』·『돈황본육조단경』·『백일법문』등을 발간. 1993년 11월 4일 오전 7시 30분 해인사 퇴설당에서 입적. 세수 82세, 법랍 58세.

춤추는 사람들
34.5×49cm
1995년 작

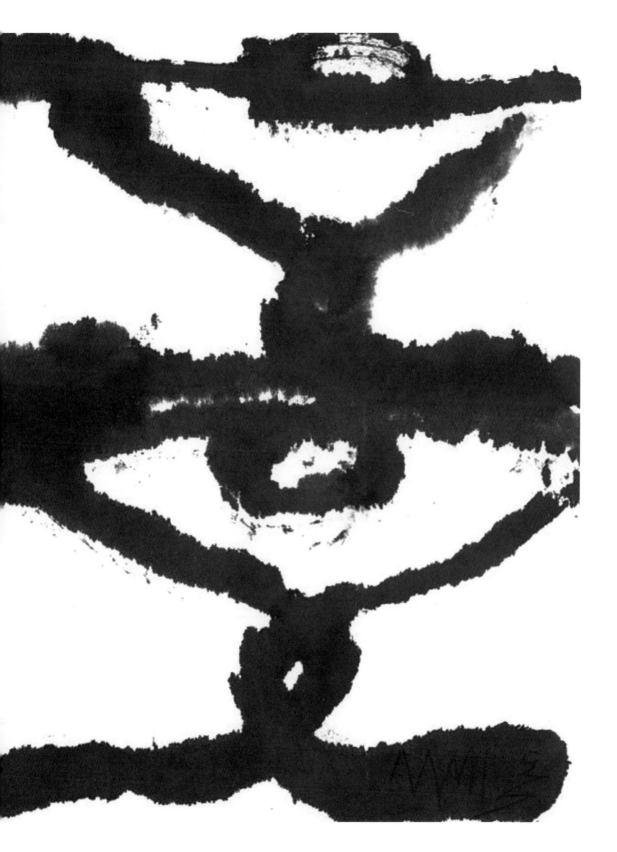

눈만 뜨고 보면 태양이 온 우주를 비추고 있다.

이렇게 좋고 참다운 절대의 세계를 놔두고

'염불하고 극락간다', '예수믿어 천당간다'

그런 소리 할 필요가 있겠는가? 바로 알고 보면 우리

앉은 자리 선 자리 이대로가 절대의 세계다.

시간과 공간이 완전히 융합하는 세계 그것을

4차원 세계라 한다.

선과 악은 서로 통해 버리는 것이다.

선이 즉 악이고 악이 즉 선으로 모든 것이 서로

통한다.

두사람 / 38.5×40cm / 1995년 작

서옹 선사

　서옹 스님 1912년 10월 10일 충남 논산군 연산면 송정리 495번지에서 아버지 이법제님과 어머니 김지정님 사이에 외동아들로 출생. 속명은 상순, 속성은 이씨. 1932년 중앙불교전문학교 입학. 송만암 스님 문하 백양사로 출가. 1937년 오대산 방함암 스님 문하에서 2년 간 참선. 1939년 일본 경도 임제대학교 입학, 1941년 졸업. 1962년 동국대학교 대학선원장 경조실 취임. 1974년 대한불교 조계종 제5대 종정 추대, 한국 최초로 어록의 왕으로 부르는 임제선사의 어록을 제창한 『임제록연의』를 발간. 1976년 스리랑카를 방문 양국간의 우의를 증진시키기로 약속하고, 대한불교 조계종을 세계불교승가회에 가입시킴. 스리랑카 국립 푸리베니아 대학에서 명예 철학박사학위 수여. 1996년 백양사 고불총림 방장에 추대, 임제선맥의 중흥을 위해 한국 최초로 수좌들에게 중문제일서인 『벽암록』을 제창하고 아울러 '참사람 결사'를 함.

현대 사회를 지배하고 있는 욕망철학의 결과로

말미암아 우리 인류는 멸망이냐 생존이냐 하는

문명사적文明史的(Grenzsituation)인

한계상황限界狀況에 직면해 있다.

두사람 / 66×109cm / 1978년 작

포이에르바하는 인간을 설명하는 중심 원리는
이성이 아니라 욕망이며 그것은 생명이라고
하였다.
인간의 생명이 곧 욕망이라 하게 되면 인간
사회는 약육강식의 원리가 지배하게 되어
타락하게 되니 이것이 현대의 절망적 위기의
최대 화근이다.

현재의 인간 생활은 번잡번망煩雜繁忙 하기 짝이

없으며, 전 지구적地球的으로 욕망철학이

유행하고 있다.

인간이 욕망대로 살아간다면 질서가 파괴되고

사회가 혼란하게 된다.

더구나 사회 생활의 기본이 되는 가정까지

파괴되고 있으니 인류의 미래는 참으로 우울한

빛깔을 띠고 있다.

그러나 참사람 주의로 세계를 건설하고 역사를

창조한다면 멸망에 직면한 인류를 구제할 수

있다.

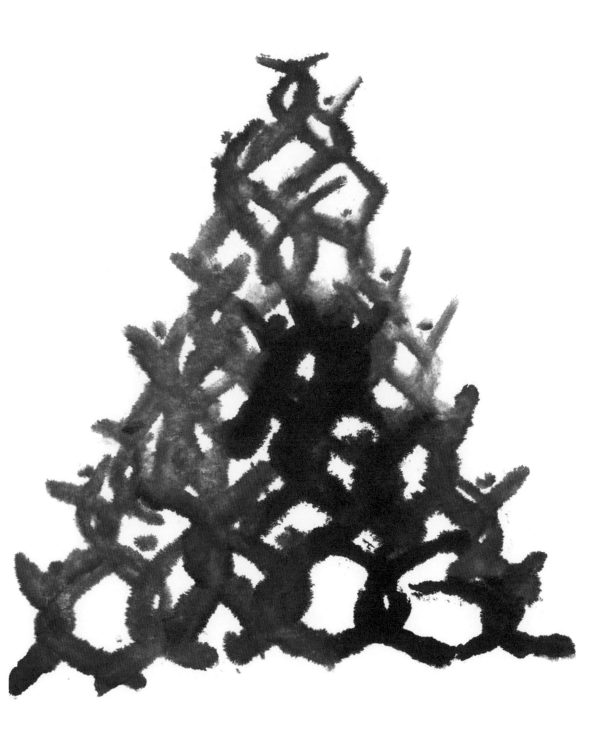

사람들 / 117×84cm / 1989년 작

한 가정의 사랑은 미래에 쟁취되는 것이 아니라
항상 현재에 있으며, 여러가지 가정 문제 해결의
원동력이 된다.
가족의 의견이 서로 다를 수 있지만 이것을
투쟁으로 해결하려고 하면 가정 파탄이 올
터인데 가정애家庭愛의 바탕에서만이 화목한
가정을 이룰 수 있다.

사람들
70×96cm
1981년 작

참사람은 절대애의 주제가 되는 것으로서 인간은

누구나 본래로부터 자비의 주제이다.

신의 절대애에는 신과 인간 간의 불평등한

주종적主從的 관계를 전제로 하고 있지만,

참사람의 참사랑은 횡橫적 넓이[廣]의 평등이며,

종縱적 깊이[沈]의 평등이다.

참사람 그 자체가 내용적, 실질적으로 광대

심원한 공간空間과 같이 절대 유일하면서도

보편적 평등함이다.

현재 세계는 세계화世界化를 부르짖고 있다.

지금까지 '국가'라고 하는 것은 범 세계적인

근거에서 성립된 것이 아니라 세계와는 별개의

입장에서 성립된 것이다.

그래서 세계를 위한 국가가 아니라 도리어

국가를 위한 세계가 되어 버렸다.

사람 / 91×88cm / 1986년 작

참사람은 절대적인 주체로서 본래로 자비의
주체이며, 미래에 도달하는 자비가 아니라
즉금卽今의 현재인 것이다. 그래서 참사람은
자비를 동기로 하여 행위하게 된다.

인류가 훌륭하게 잘 살려면 인간주의도 초월하고

신神의 노예 상태에서도 자유로이 해방되어

어디에도 걸리지 않아야 한다. 활발발活鱍鱍

무애자재無碍自在하며 융통무변한 참사람 주의로

새 역사를 창조하여야 하겠다.

서암 선사

1914년	경북 풍기에서 출생
1928년	예천 서악사에 출가
1932년 4월	김용사에서 사미계 수계
1936년	비구계 수계
	김용사 강원에서 사교과 수료
	일본대학 종교학과 입학
1939년	일본대학 3학년 중퇴, 귀국
1940년	김용사 선방에서 참선 정진
1942년	심원사 강원 강사 겸 대교과 수료
1944년	대승사 선방에서 정진
1945년	예천에서 포교당 설립
1946년	갑사의 토굴에서 단식 수행
1951년	원적사에서 수행
1975년	조계종 총무원장(2개월 만에 사퇴)
	봉암사 조실
1991년 6월	조계종 원로회의 의장
1993년 12월	조계종 제8대 종정 취임
1994년 4월	조계종 제8대 종정 사퇴

사람 사는 것이 복잡하기가 말할 수 없이

착잡하고 어지럽지만 그 한 주인공은 어지럽지

않고 항상 한가하다.

그렇게 일해 경계에 흔들리지 않는 자기를

발견해서 사는 게 해탈의 세계다.

그 자리를 잃어버리면 모든 경계에 얽매여 항상

공포나 초조 불안 속에 헤매이게 되니 그대로

지옥이다.

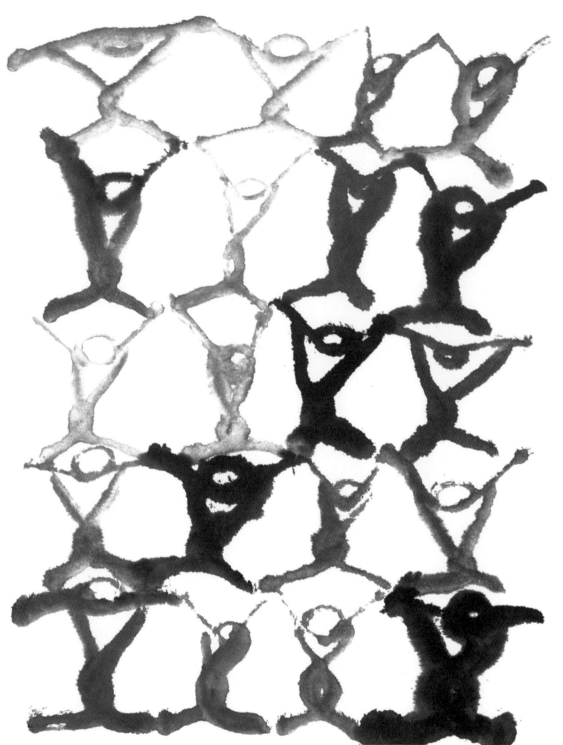

춤추는 사람들 / 163×129cm / 1995년 작

우리 마음은 빛깔도 없고 냄새도 없고 모양도
없이 일체가 끊어진 자리이므로 누가 헤칠 수도
없고 파괴할 수도 없을 뿐 아니라 취할 수도,
버릴 수도 없는 허공과 같은 것이다.
허공은 끝도 모양도 한계도 없고 아무리 칼로
베어도 상처를 입지 않고, 아무리 불로 태우려
해도 불에 그슬려지지 않는다.
한계가 없으니 그릇에 담겨질 수도 없다.
그런 본래 마음을 크게 쓰면 무한히 크게
쓰여진다.

월산 선사

    월산 스님 1912년 5월 5일 함경남도 신흥군 동상면 원풍리에서 아버지 최평규 거사와 어머니 노씨 사이에 태어남. 속명은 종열, 속성은 최씨. 1944년 해방직전 망월사로 가서 춘성스님의 안내로 금오스님을 은사로 사미계를 받아 출가. 1948년 청담, 향곡, 자운, 성철 스님 등과 함께 문경 봉암사에서 결사수행 중 공주청규를 만들어 백장선사 등 옛 조사들의 가르침에 따라 잘못된 구습을 혁파하고 새롭게 옳곧은 승풍을 진작했는데 이것이 뒷날 종단 정화불사의 정신적인 기초가 됨. 1970년 우리 나라에서 처음으로 불교·천주교·성공회·원불교·유교 등의 한국종교협의회 초대 회장에 취임. 1974년 불국사 주지와 불국선원과 강원을 개창하여 수행풍토를진작하고, 토함산 산정에 대종각을 건립하여 민족분단의 고통과 통일을 염원하는 불사와 법보신문을 창간함. 1978년 제6대 총무원장에 취임. 20여 년 간 불국사에서 안거하며 덕승문중의 큰 기풍으로 수행선풍을 진작하고 한국불교를 이끔. 세수 85세 법랍 55세로 55년 간을 오로지 선수행으로 일관함. 1997년 8월 5일 입적.

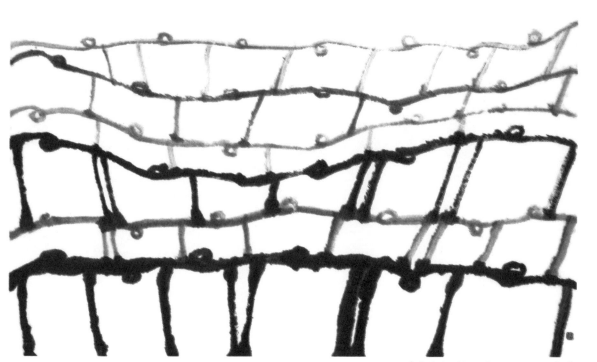

사람들 / 164×260cm / 1989년 작

그대들의 얼굴이 어떠하던가?

나이가 10살이 넘어서도 똥오줌을 못가리면
이는 바보다.
나이가 20살이 넘어서도 천하 일을 다 아는
척하면 이는 철부지다.
나이가 30살이 넘어서도 뜻을 세우지 못한
사람은 얼간이다.
나이가 40살이 넘어서도 남을 용서하지 못하는
사람은 끝내 어른이 못 된다.
나이가 50살이 넘어서도 더 올라갈 데가 있다고
생각하는 사람은 도둑이다.
나이가 60살이 넘어서도 더 구할 것이 있는
사람은 추잡한 인간이다.
나이가 70살이 넘어서도 법상에 오르는 사람은
병노病老일 뿐이다
나이에 상관없이 제 이름을 모르는 사람은
바보 중에도 상바보이다.

혜암 선사

불기 2464년(1920, 1세) : 3월 22일 전남 장성군 장성읍 덕진리에서 김원태님과 정계선님의 7남매 중 차남으로 태어남. 속명은 남영, 17세에 일본으로 유학하여 구약과 신약, 유교의 사서삼경과 불교의 조사, 어록 등을 두루 섭렵하며 동양철학을 공부했다. 그러던 어느날 선관책진을 탐독하다 크게 발심 출가.

2490년(1946, 27세) : 경남 합천 해인사에 출가, 인곡스님을 은사로 효봉스님을 계사로 수계득도. 법명은 성관性觀 가야총림 선원에서 수선안거 이래 한암, 효봉, 동산, 경봉, 전강 선사를 모시고 오대산 상원사, 금정산 범어사, 통도사 극락암 등 제방선원에서 일일일식一日一食과 오후불식午後不食, 장좌불와長坐不臥를 하며 45 하안거 용맹정진, 2491년(1947년) : 경북 문경 봉암사에서 성철, 우봉, 자운, 도우, 법전, 일도스님 등 20여 납자와 함께 결사 시작. 2492년(1948, 29세) : 해인사에서 상월스님을 계사로 비구계 수지, 오대산 상원사 선원에서 안거. 2511년(1967년) : 해인총림 유나, 2514년(1970년) : 해인사 주지(4월~8월). 2523년(1979년) : 해인사 조사전(해행당)에서 3년 결사 시작 이후 해인총림 선원에서 1990년(71세)까지 12년간 안거함.

2529년(1985년) : 해인총림 부방장. 2531년(1987년) : 조계종 원로의원. 2535년(1991년) : 조계종 원로회의 부의장. 2537년(1931년) : 해인총림 제6대 방장 취임(~96년), 2538년(1994년) : 조계종 원로회의 의장(~99년). 2543년(1999년) : 조계종 제10대 종정에 추대되었으며 2000년 12월 31일 오전 원당암 미소굴에서 열반에 드니 세수 82세가 되고 법랍 56년임.

세월이 화살과 같이 빠르니 삼가 잡된 용심,

곧 탐심, 진심, 치심을 쓰지 말라고 했습니다.

독심을 마음에 두고 편안하기를 바라지 말라고

했습니다.

마음 속에 어리석은 마음이 불쑥 자라고 있는데,

어찌 잠을 편히 잘 수 있으며 마음이 편할 수

있겠습니까?

시비분별을 다 끊어 버리면

청산은 고요하고 고요해서 밤달이 밝더라.

어리석은 눈을 갖고 살면

밤낮 지옥에 가는 죄를 쌓는 겁니다.

사람들 / 163×130cm / 1995년 작

산정 서세옥 선생의 인간 주제 그림들은 인간의 기쁨과 슬픔, 고독과 어울림, 그리고 살찐 자와 굶주린 자, 떠오른 자와 숨은 자 등 오늘을 살고 있는 인간의 연희演戲와 표정들을 때로는 따뜻한 미소로서 또는 해학으로, 때로는 서릿발 같은 역사의식으로 준엄하게 붓끝으로 고발한다. 따라서 그 모습과 형태들은 모두가 다르다. 천변만화千變萬化 하는 용필用筆과 끝없이 창출되는 독창적인 형태미의 조형적 전개는 그야말로 회화사상 일찍이 경험할 수 없었던 커다란 경이요 감동이 아닐 수 없다. 그 풍격風格의 종횡기위縱橫奇偉함과 화의畫意의 함축과 암시는 초월超越의 절대 경지에 이르지 않고서는 누구도 꿈꾸어 볼 수 없는 경지이다. 그는 옛 낡은 외투를 몽땅 벗어던지고 현대 한국미술의 진로를 열어놓은, 우리 시대의 큰 스승이요 정상의 거장이다.

〈평론가의 작가론 중에서〉

남쪽 맨 끝자락 모퉁이에 위치한 산과 들 그 사이로 둘러싸인 작은 마을 그곳. 고향은 늘 시골향내음이 가득하였고 어두 캄캄한 밤이면 밤하늘에 보석처럼 수놓은 수많은 별들을 바라보면서 행복한 꿈을 꾸었던 그 추억을 잊을 수가 없습니다.

태초의 원시적 윤회의 삶이 아직도 살아서 꿈틀거림을 영혼으로 느끼게 해주었던 고향, 인생에 있어서 가장 황홀했던 그 아름다운 경험을 생각하게 될 때마다 가슴이 뜨거워지며 자연이 주는 아름다운 매료로 마음이 늘 흔들렸고 하루하루 살아갈 수 있다는 것에 대한 생의 감사로 가슴이 벅차오르곤 합니다. 우린 스스로에게 화두를 던져볼 필요가 있습니다.

가령 지금까지 당신이 살아오는 동안에 가장 아름다운 모습을 볼 수 있었을 때가 과연 어느 때였습니까라고 물을 때, 아름다운 꽃, 붉게 물든 저녁놀, 새벽안개, 촉촉히 내리는 봄비, 뭉개뭉개 피어오르는 아지랑이, 산사에서 들려오는 새벽 예불소리, 어린 아이의 맑은 눈망울과 천진한 웃음, 남녀가 정답게 사랑하는 모습, 땀흘려 일하는 모습, 이 중 어떤 것입니까?

바로 우리 자신이 이 우주 안에서 가장 아름다운 모습은 부처가 될 수 있는 불성을 가지고 있을 때입니다. 옛 선승들의 어록을 읽고 스스로가 부처님께서 수행한 삶을 생활 속에 실천하길 기원하며 선사들께서 말씀하신 한 마디 한 글귀는 바로 깨달음의 문으로 들어가는 눈부신 빗장이며 자비와 사랑에 이르는 맑은 꽃입니다.

제삼 묻고 싶습니다.

언제 가장 우리가 아름답다고 느껴집니까?

자신에게서 이러한 아름다움을(부처가 될 수 있는 불성의 모습) 발견하는 때일 것입니다. 결국 우리가 이 세상 온 목적은 깨달음의 궁극적인 목표입니다.

한번 흘러가버린 과거의 고통과 상처, 그리고 아픔들은 우리 자신에게 깃들어 있는 부처님의 모습을 보지 못하게 만듭니다. 우리 자신의 안으로부터 진정한 아름다움을 발견할 수 있을 때까지 화두는 계속 더하여지게 될 것입니다.

스스로 깨닫지 못하여 아름다운 모습을(부처가 될 수 있는 불성) 발견하지 못한 사람은 자신 안이 아닌 밖으로부터 찾기 위해 발버둥치게 된다면 헛된 노력일 뿐 진정한 내안의 자비와 평화는 결코 얻을 수 없을 것입니다.

우리에게 있어서 잊을 수 없었던 상처와 장애에도 불구하고 스스로에게서 부처가 될 수 있는 불성의 모습을 찾아볼 수 있다면 부처님께선 그 얼마나 자비스러운 마음으로 우리를 사랑하고 계시는지 가슴 깊이 느끼게 될 것입니다.

진정한 아름다움과 삶의 의미를 발견하고 내 자신을 더 깊이 사랑할 수 있게 된 사람만이 나와 남을 구별하지 않고 서로 사랑하면서 아름다운 삶을 살아갈 수 있을 것입니다.

아울러 여기에, 서세옥 화백의 명상과 초월의 사상思想적 인간을 주제로 한 작품에서 그 뜻을 함께 읽어주시기를 바랍니다.

2002년 10월
편집후기 김재광

사람 그 삶의 참모습

개정판 1쇄 인쇄 2024년 11월 4일
개정판 1쇄 발행 2024년 11월 11일

도판작품 서세옥
펴낸이 김재광
펴낸곳 솔과학
편 집 다락방
영 업 최회선
디자인 miro1970@hotmail.com
등 록 제02-140호 1997년 9월 22일
주 소 서울특별시 마포구 독막로 295번지 302호(염리동 삼부골든타워)
전 화 02)714-8655
팩 스 031)422-4656
E-mail solkwahak@hanmail.net

ISBN 979-11-92404-85-1 03220

ⓒ 솔과학, 2024
값 20,000원